我是誰
我決定

給你我的最佳性別指南

愛視界 016

我是誰我決定：給你我的最佳性別指南

作　　者：榮米榭・畢里吾（Jean-Michel Billioud）、蘇菲・南德依（Sophie Nanteuil）、
　　　　　德凱・李斯貝（Terkel Risbjerg）、薩兒妲・宗克（Zelda Zonk）
譯　　者：梁若瑜

出 版 者：愛米粒出版有限公司
台北市10445中山北路二段26巷2號2樓
編輯部專線：02-2562-2159
傳　　真：02-2581-8761
【如果您對本書或本出版公司有任何意見，歡迎來電】

總 編 輯：莊靜君
特約編輯：洪雅雯
特約校對：金文惠
審定專家：曾寶瑩
封面設計：謝捲子
內文設計：盧美瑾工作室
印　　刷：上好印刷股份有限公司　電話：（04）23150280
初　　版：二〇二〇年（民109）七月一日
初版印量：1000本
定　　價：320元
總 經 銷：知己圖書股份有限公司　郵政劃撥：15060393
（台北公司）台北市106辛亥路一段30號9樓　電話：02-2367-2044 / 2367-2047
　　　　　　　　　　　　　　　　　　　　傳真：02-2363-5741
（台中公司）台中市407工業30路1號　　　電話：04-2359-5819
　　　　　　　　　　　　　　　　　　　　傳真：04-2359-5493
法律顧問：陳思成
國際書碼：978-986-98939-0-9　CIP：544.7/109005368

Je Suis Qui? Je Suis Quoi?
by Jean Michel Billioud, Sophie Nanteuil,Terkel Risjeberg & Zelda Zonk
Original French edition and artwork © Editions Casterman 2019
Text translated into complex Chinese © Emily Publishing Company, Ltd. 2020
All rights reserved.

愛米粒出版有限公司

因為閱讀，我們放膽作夢，恣意飛翔——在看書成了非必要奢侈品，文學小說式微的年代，愛米粒堅持出版好看
的故事，讓世界多一點想像力，多一點希望。

 愛米粒　　　 我是誰我決定回函

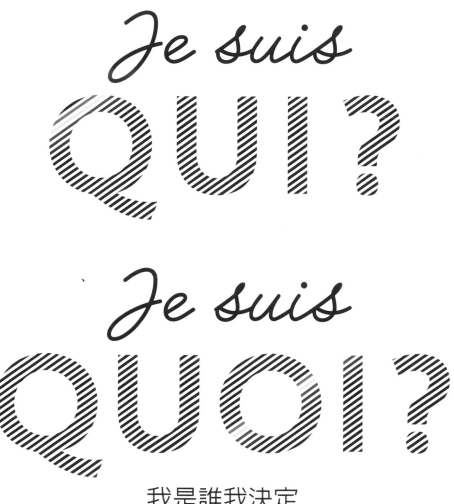

Je suis QUI?
Je suis QUOI?

我是誰我決定

企劃構想：蘇菲・南德依（Sophie Nanteuil）
文字與漫畫劇本：榮米榭・畢里吾（Jean-Michel Billioud）
繪圖：德凱・李斯貝（Terkel Risbjerg）
美編：薩兒妲・宗克（Zelda Zonk）

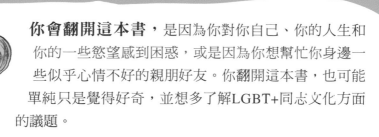

你會翻開這本書，是因為你對你自己、你的人生和你的一些慾望感到困惑，或是因為你想幫忙你身邊一些似乎心情不好的親朋好友。你翻開這本書，也可能單純只是覺得好奇，並想多了解LGBT+同志文化方面的議題。

首先要知道，你的身分並不是用你所愛的人來決定的，也不是用你的性別來決定的。你的身分，指的是你是「**什麼樣的人**」：你的過去、你的性格、你的文化等等。

令你困惑的疑問，在你之前也有其他人困惑過，而且他們或她們將會在書裡談到這些問題。在這本書中，你將會看到以漫畫呈現的一些名人生平，會有一個章節是關於一些機構走入國中校園輔導時最常被問到的一些問題，書中會介紹目前世界上和媒體上LGBT+者們的現況，以及很多其他資訊。書中還有許多建議將教你如何保護自己，或在有需要傾吐心事或尋求建議時，各地區的機構名稱和聯絡地址。

最後，在每一頁的最下面，你都能看到一些小語，都是由願意參與這項企劃的人所寫的。不論是智慧結晶或忠告，重點是這些小語都非常正面積極。

在本書中，我們將使用LGBT+這個縮寫（L指女同志，G指男同志，B指雙性戀者，T指跨性別者；依各機構的不同用法，「+」可指：酷兒、盟友、泛性戀者、雙性人、無戀者、無性者、無性別者）。

也許你心中有許多疑問，也許你很害怕，也許你被人謾罵羞辱過，而且你否認了，還大聲反駁說：「才不是！胡說八道！哪有可能！」我想要讓你知道的是：做自己是OK的。

你不必臉紅。不必覺得丟臉。

你知道為什麼嗎？

因為不是只有你這樣。

你從來就不孤單。

從來從來就不孤單。

從以前，到現在，再到將來，我們有千千萬萬像你一樣的人，從盤古開天地以來就是這樣。也許默默無聞，也許名氣響亮。而且我們就在你身邊，我們是你家附近的麵包店老闆娘，是你的地球科學老師，是電影院替你剪票的那位叔叔。你並不孤單。你從來就不孤單，只是你之前不知道而已，就這麼簡單。

兩千五百年前，在前哥倫布時期的南美洲，你被稱做「穆荷」（Muxhes），在十五世紀的日本，被稱做「眾道」，在安哥拉稱做「卡度瑪」（Katuma），伽色尼王國馬哈茂德國王的波斯文詩篇曾頌揚過你的情愛，古希臘詩人莎芙（Sappho）也曾以令人刻骨銘心的詩詞滔滔不絕歌頌過……

也許你才剛開始認識自己，想必你有點害怕，想必心中有無數的疑問，那就別忘記你是從哪裡而來的，別忘了你傳承自一支歷史悠久且美麗的非凡族群，你承載著他們的苦痛和榮耀。

要是有人謾罵你、欺負你或毆打你，要知道你有感到難過和憤怒的權利，但也要知道你擁有充足的力量，能用更燦爛繽紛的色彩，把這些事情重新粉刷掉。藍色、紅色、綠色、黃色、粉紅色、橘色。彩虹的各種顏色，都是你的：過去有許許多多男男女女搏命奮鬥，好讓你如今可以想當什麼人就當什麼人。

別臉紅害羞。別輕易低頭。

人做自己沒什麼好丟臉的。

巴第斯特・玻黎（Baptiste Beaulieu）／
醫師兼小說家

當然，我們每個人都不一樣，我們才不想要被歸類，但為了好好了解自己，
也了解我們彼此，有時候會需要來一點名詞釋義。

LOVELESS無戀者

指無法體會戀愛的感情，也不覺得有需要發展戀愛感情式人際關係的人。

ASEXUAL無性者

指對性沒有吸引力的人。但要注意喔，這並不代表沒有感情或沒有溫柔浪漫。

BISEXUAL 雙性戀

指在情感上或在性慾上，在兩種性別都受到吸引的人。

HETERO SEXUAL 異性戀者

主要或完全只受異性所吸引的人。

而 我呢， 我是 ……

GAY男同志

源自美語的詞彙，通常大多用來指男同性戀者。

LESBIAN 女同志、蕾絲邊

在感情上、性慾上，受到其他女性所吸引的女性。

PANSEXUAL 泛性戀者

在性慾上或情感上受到人所吸引的人，不在意對方是哪種性別或性器。

HOMO SEXUAL 同性戀者

主要或完全只受同性所吸引的人。

INTERSEX 雙性人或雙性器

指一出生在生理構造上就有所不同的人。醫生無法以女性或男性來歸類這個孩子的性器官。

TRANSGENDER跨性別

不認同出生時自己指定性別（也就是醫生依幼童性器所判定的性別）的人。

人有可能擁有陰莖卻深深覺得自己是女人（跨性別女性），或擁有陰道卻覺得自己是男人（跨性別男性）。這就是所謂的「跨性認同」。

現身說法

在青少年時期，

他們經歷過和你一樣的事情……

「我從年紀很小的時候，就發現自己比較喜歡男生。在青少年時期，我表面上很快樂，但內心很痛苦。這種痛苦的感覺經常使我自問：『繼續活下去真的值得嗎？』

20歲的時候，我愛上了一個男生。我先是告訴一些很熟的好朋友，然後才跟我妹妹說，最後才告知我爸媽，而且是分成兩個階段：先是跟我媽說，然後才跟我爸講。我爸媽的反應一模一樣，他們倆都跟我說：『好險，我們還以為你得了愛滋病。』不知不覺中，沒說出口的話也等於已經說出口了：他們把出櫃和生病劃上等號。我明白他們心裡的意思其實是：『好險，你沒有我們想像中病得那麼重。』當然，我爸媽口頭上沒有這麼說，但我對這件事情的感受卻是這樣。今天，疑慮通通消散了，看到我很幸福，我爸媽也很高興呢！」

侯曼

建築師，
28歲，
巴黎市

「同性戀並不是一種缺陷，
人可以既是同志又幸福快樂喔！」 達米安

12

「我從很小開始，就知道吸引我的是女生。一直到6歲的時候，我才知道『這樣是不好的』。整個青少年時期，我都把這個念頭塞到腦袋的角落，努力說服自己相信自己喜歡的是男生。我還不至於不快樂，但我也並沒有做自己。我不願和別人聊這件事，因為在我出生之前，我虔誠信奉天主教的爸媽，在一場不幸意外中，失去了一個9歲大的女兒。我很怕，要是坦承自己是同性戀者，會令他們失望，會傷他們的心。我覺得我是個用來療癒他們的乖寶寶，所以我凡事都必須一百分。而我哥哥也是同志，除了跟他聊以外，這件事我沒有其他人可以講。

我在就快要和我的第一任男朋友上床時，接受了自己的同志性向。終究我沒有和他上床，因為我發現假如和他發生關係，光是用想的，我都覺得難過。他的身體並不吸引我，我完全沒動力，我想要的是女生的身體。

所以我決定不再跟自己過不去，不再欺騙自己，也接受了自己本然的模樣。

後來我在我18歲的時候，把這件事告訴了我爸媽，因為我實在受不了再在家裡裝模作樣了。結果這樣反而讓我們感情變得好很多喔！」

瑪麗

製作人，
30歲，
巴黎市

「我一向覺得自己和別人不一樣。打從國小起就是這樣……但自己也說不上來為什麼，因為我們家裡從來不聊這種事情，除非是在罵同性戀者。因此，我對這種事一點概念也沒有！我沒辦法談，因為我爸媽和家人不論說什麼也不會接受的。

我和我孩子們的媽媽，一起度過了將近十五年的典型異性戀生活。但35歲時，我不想再自欺欺人了。我從此不再隱瞞自己的同志性向，目前和我的伴侶非常幸福。」

傑洛姆

教師，
48歲，
瓦斯凱爾市

「我們想要當什麼樣的人，就可以當什麼樣的人。」 克莉思黛

蕾歐妮

音樂工作者，
30，
巴黎市

「我從小在小鄉鎮長大。從我有記憶以來，吸引我的就是女生。但由於沒有能夠參考的榜樣，我以為這種事是不可能的。我處於一種澈底否認的狀態。有一天，我甚至還假裝跟我媽媽說，真不明白怎麼會有人喜歡女生！所以，我想當個男生，這樣就能和女生在一起了。14、15歲左右的時候，我愛上了一個女生。於是我向我媽媽出櫃，她的反應是：『我就知道，你一向以來就是又甜又鹹！』開誠布公說出自己的同志性向後，減輕了我在性別上的困惑，就算沒澈底解決問題也一樣。我從來沒因為恐同症而受過傷害，但我身為混血兒，確實曾經成為種族歧視的受害者。女同志的身分從我臉上看不出來，但我的血緣卻是一目了然……」

「我從小在鄉下長大，在法國的西南部：那裡是務農的地方，是橄欖球的國度。那裡講究的是男子氣概。我青少年時期相當內向，常躲在書本裡和課本裡。我身邊總是不乏女生。但比起那些常圍著我轉的女生，更吸引我的是高中時學校裡的那些運動健將（他們能做到的事，恰恰都是我自己做不到的）。別人忙著談戀愛時，我跟緋聞完全絕緣。我沒辦法跟別人談這件事，更沒辦法追女生呀！我以為這種事過一陣子就會自己消失了……一直到我18歲，去了所謂的『大城市』，去了杜魯茲市，才弄清楚了這種差異是怎麼一回事。才發現我不是唯一遇到這種情形的人。才明白，不會的，這種事過一陣子也不會自己消失。如今，我對這種差異並不特別自豪，但也不會覺得丟臉，我不會再向任何人隱瞞我真正的自己了。」

福羅宏

督學，
39歲，
巴黎市

「假如你想看看美好的人是長什麼模樣，就自己站到鏡子前面吧。」 馬可

「從小，我就一向覺得自己和其他同年齡的女生不一樣，我當時甚至不認為自己是個女生。我常和男生一起運動鍛鍊，和男生一起踢足球，我都是穿運動褲、寬大的運動衫和球鞋。

漸漸長大後，我曾試著讓自己更有女人味一些，但到了15歲左右，我發現這樣行不通，於是我又開始穿男生的衣服，也把頭髮剪短。過了一年，我明白到我其實是個跨性別的男性。

起初，這件事我只告訴了幾個很熟的好友，因為一般人通常不了解什麼是跨性別認同，而對這方面常常有誤解。就我自己而言，我很快就適應接受了，可是我一直不敢向我家人出櫃——到目前為止也一直還沒出櫃——我比較害怕的，是我家人對跨性別者的恐懼，而不是我本身是跨性別者的這個事實。」

愛利

18歲，
巴黎市

賈維

餐廳服務人員，
57歲，
杜魯茲市

「10歲以前，我個性非常外向活潑。後來我心裡開始有疑問。我發現自己和別人不太一樣，由於我來自一個非常傳統的鄉下家庭，我感到非常孤單。我覺得自己受到男生所吸引，但我沒辦法跟任何人說。我開始自我封閉。我心想這種事過一陣子就會自己消失，等我長大後，依然會跟女人結婚。我甚至開始和一些女生交往，想讓自己轉換一下心情。但背地裡，我也偷偷和一些男生交往。16歲的時候，我開始在杜魯茲市實習。大城市裡，誰也不認識誰，因此我得以放心做自己。17歲時，我不想再假裝和女生交往了。我就是我，但這整個過程很痛苦。我從來沒把這件事告訴過我媽媽。如今我認為她早就已經知情了，只是假裝視而不見，彷彿她不喜歡我的某一面。現在，我很快樂。就是很快樂。而且又變得外向活潑囉！」

「你將會幸福快樂又能活得精采……要有耐心，並要有信心。」 賽巴斯汀

莎拉

動物醫師，
33歲，
南特市

「我一向覺得交朋友很困難，我不是很擅長和別人打交道。我對性愛或談戀愛一點興趣也沒有。我快要30歲時，才第一次聽到無性者和無戀者的說法。之後我感覺好多了，還非常後悔沒能早一點知道這個觀念。我覺得要是能早一點知道不想交男朋友或女朋友是『正常的』，我所做的很多決定都會不一樣。」

「我知道自己是雙性戀者，自從我發現自己會受到多種不同性別的人所吸引後。這個事情是逐漸發生的，我從來沒有因為這樣而遇過什麼困難。我大約15歲左右開始和身邊的好朋友們談起這件事，大家都很能接受。高中的時候，只要是認識我的同學，都知道我是雙性戀者／酷兒／同志。

派崔克

待業中，
22歲，
敦克爾克市

關於性別，整個童年時期，我都不太能明白這個問題。國中的時候，我曾經有過一些『男人婆』的階段，後來高中時，又曾經幾度長時間超級女性化——但風格相當另類：走的是龐克／重金屬搖滾風。再接下來，我我花了兩年時間準備上大學，我覺得這個時期的我，算是走中性路線，但我並不認為這是跨性別的緣故。上大學後，我頭一次聽說到非二元的概念，而且立刻就知道這和我有關。」

「一切都會很順利的。」　　艾倫

「我是在阿爾及利亞長大的。小時候，照顧我的人清一色都是女生，我常觀看她們化妝。我很羨慕她們。我很早就發現自己喜歡的是男生。要是我表現出比較嬌氣的舉止，我媽媽就會打我的手背。

國中的時候，常有人羞辱我，但我也不會逆來順受，有時候不惜跟人打上一架。

有一天，大約12或13歲的時候，有個男生在廁所裡親吻了我。後來他卻來勒索我：要是我不給他錢，他就要跟我家人說我是同性戀。我也對他做出相同的威脅，於是他就罷手了。

我的親朋好友並不支持我，甚至有時候連他們也謾罵我。我超喜歡跳舞，但這不被允許。有一天，我媽媽要我去從事一項男性的運動，她替我報名了空手道課程。我為了不去上課，故意弄傷了自己的腳。17歲的時候，我來到法國，第一次看了電影《熱舞17》，於是我開始盡情跳舞。我終於自由了。」

阿布度

東方舞蹈舞者，
47歲，
巴黎市

凱琳

律師，
47歲，
巴黎市

「青少年時期，我和爸媽一起住在科西嘉島，我當時並不覺得自己和其他同年齡的小孩有什麼不同。但我比較喜歡和動物及長輩待在一起，我覺得比起和其他青少年出去玩，和老人家待在一起更能認識我家鄉科西嘉島的過去歷史。不過，到了晚上準備上床睡覺時，又是另一回事了。我常幻想自己是男生，這樣就能親吻漂亮的女生。

為什麼要幻想自己是男生呢？完全是因為當時女生沒辦法夢想著親吻其他女生……當年，也就是三十多年前的科西嘉島，大家心態還很封閉，女生是不可以親吻女生的。

我在28歲的時候發現自己是同志，那時我認識了一個女生，和她一起生活了幾年。當時我非常驚訝震撼，同時又覺得再合理不過了。」

「你只能活一次，所以就盡情去活，無論如何都要快樂。」　那努

「　我從小在瓜地洛普長大。在那邊，異性戀男性是唯一被接受的榜樣。小學的時候，我和一個女生是『一對』，因為我以為事情就該是這樣。但漸漸地，我了解到，我不符合一般的歸類。我媽媽一直很保護我，她跟我說，像我這樣明明是女生卻住在男生的身體裡，要是像這樣成長一定不會快樂。然而，國中的時候，我開始做自己，也要求別人尊重我。別人尊重了我，因此也接受我。要是遇上問題，我會立刻糾正對方。我會告訴對方（而且至今仍會這樣告訴對方）：『我自己選擇自己想要當什麼樣的人，至於我是個什麼樣的人，並不關你的事。』

但就算我勇敢做自己，在我所居住的這個島上，並不是凡事都能被接受。於是我只好繼續穿男生的衣服，可是我的翹臀有點難塞進長褲裡呀！我和男生一起打排球，但我練球是和女生一起。算是小小的勝利囉！

我跟我兄弟姐妹們說我覺得自己比較像女生而比較不像男生的那一天，他們哈哈大笑，大聲告訴我：『我們認識的你本來就是這樣的呀！』

就算我已經勇敢做自己，離開瓜地洛普仍然讓我如釋重負。如今我完全為自己而活。　」

依薇

地鐵駕駛員，
31歲，
巴黎市

「還有很多很棒的人等著和你相遇呢！」　阿札雷

愛蜜麗　作家兼公關專員，25歲，蒙貝利耶市

「青少年時期的我非常自閉，經常用冷笑話和好成績來掩飾自己。我覺得自己和別人很不一樣，覺得自己格格不入。我根本不知道自己是雙性戀者，因為我根本不知道世上有這種事存在。我沒辦法找別人傾吐心事，因為我被自己的各種思緒弄得一頭霧水，也不知道該怎麼描述自己的感受。我經歷了一段想要輕生的憂鬱期。我試著安慰自己，告訴自己說，等到將來，我就能過『正常』生活了，我會找個男人嫁了，過著相夫教子的日子。我從來沒想過自己將來也可以和女人共度人生。一直到了很後來，到了我18歲時，才澈底意識到自己的雙性戀性向，當時我離開了老家，北上巴黎求學。轉折點是認識了一些同志協會的志工。我這才明白了自己是個什麼樣的人，才知道這樣並不要緊，才知道還有很多人也像我一樣！一場新的人生從此展開了！」

蕾雅

大學生，
18歲，
佩皮尼昂市

「從來沒有什麼特別的關鍵『轉折點』讓我了解到自己是雙性戀者。而是在我一進入青少年時期，就覺得這是一件不用多說就很明顯的事。我從來沒覺得自己真的很『不一樣』，但我很擔心當時的男友和後來其他男友對這件事的看法。因為就算告訴了他們，我也還是我，我依然是同一個人。後來，我漸漸發現，性別和性向並不是二元的，而像是一條漸進式的軸線，這是不用多說就很明顯的。於是對我而言，自然而然就會用泛性戀者來定義我自己，因為我可以愛所有的人，性別並不重要。」

「你身邊的好朋友比你想像中更多。」　　朱力安

讓我們來
檢視一些既定成見吧！

男同志
都很娘娘腔

當然也有些男同志很陽剛或魁梧，甚至粗魯，這比例和異性戀者不相上下呀！根據統計，全球所有橄欖球隊和所有軍方部隊裡都有男同志的存在。這種刻板印象其實不攻自破。我們生活在父系社會裡，男性事物是主流的榜樣，而女性事物往往沒受到正視。

女同志都外表陽
剛且都是男人婆

散播這種性別歧視想法（為什麼要把女生視為不成功的男生呢？）的人，有沒有聽說過演員艾倫・佩姬（Ellen Page）和阿黛兒・艾奈爾（Adèle Haenel），或作家妮娜・布哈維（Nina Bouraoui）呢？也許有些女生的外表（依傳統裝扮法則來說）很陽剛，但也有很多女同志超級女性化或做中性打扮。實在應該要跳脫這些古板思維，並明白到處都有各式各樣的不同風格。

同性戀傾向
和外在環境有關

各種文明、各種民族、各個歷史時期當中，都有同性戀者的身影。不論是獲得包容或受到打壓，同性戀者的人數比例並不曾改變過。一個人是同志，因為一生下來就是同志了，並不是因為青少年時期聽了席琳・狄翁（Céline Dion）的歌才變成同志的。

同性戀
違反自然天性

這是恐同者最常見的一種攻擊論調。同性戀罪不可赦，因為違反了自然法則。然而，科學家卻在超過一千五百種動物身上觀察到同性戀行為，牠們在繁衍上從來沒遇過問題，長久以來的生存也沒遇過問題。難道這些動物也是違反自然天性嗎？但仔細想想，這種論調到底想說什麼呢？自然界的所有一切現象都值得遵從嗎？某些物種身上也觀察得到變童或強暴的行為。難道要因為這樣就把這些事也納入人類社會的規範嗎？

凱文，親愛的，我去買今天晚餐的菜囉……

喔，榮明，
不過魚就少買一些吧，
不然我越吃越肥了……

「別人的看法會傷你的心，但它們並不重要。」　　安潔

常見問題
所有你想知道的事

許多同志機構每年都會進到國中和高中進行輔導。我們集結了同學們最常問起的問題。

人能不能選擇自己的性向？
——朱爾，14歲

不行，性向不是自己能選擇的，它是天生的。人不能硬要自己變成同性戀、異性戀或雙性戀。有一天，人會發現自己的性向，而唯一能做的選擇，就是決定是否要做自己。

肛交會不會痛？
——亞瑟，14歲

只要雙方互相尊重，且對於所共同進行的性行為和彼此的性慾都有共識，不論什麼事都不會痛。在此順便提供相關資訊：市面上有各式各樣好用的潤滑劑，可以讓過程更順利和增進愉悅感。

各個宗教是怎麼看？
——瑪儂，14歲

三大一神論宗教倒是難得看法一致喔！基督教、猶太教和伊斯蘭教都齊聲撻伐同性戀或非異性戀者。神父、拉比或伊瑪目所不認同的，並不是當事人本身，而是當事人的性行為。簡單來說，各個宗教能夠接受非異性戀者……前提是他們必須禁慾，也就是不能談戀愛也不能從事性行為！

如果自己是異性戀，算正常嗎？
——索拉雅，12歲

完全正常，非常自然，正常自然的程度就和其他性向沒有兩樣。

「為了顯得『正常』而叫自己妥協，這樣絕對是行不通的。」 歐斐麗

非異性戀者
能靠治療矯正嗎？
——亞歷希雅，15歲

性向為什麼要治療矯正呢？它並不是一種疾病呀。異性戀者需要接受治療矯正嗎？不需要吧？那麼其他人也不需要。可惜從前有太多人以為需要進行治療，他們有些人認為同性戀或雙性戀是一種病，有些人則認為是一種罪。服藥、電

擊、化學去勢、腦額葉切除術、矯正治療等等，歷史上曾出現過各式各樣的粗暴手段。

從來沒有誰因為這樣就改變了性向，但有很多人卻因為這些不人道的待遇而喪命。

1990年，世界衛生組織WHO正式將同性戀從精神疾病列表中撤除了。終於呀！

「我們愛的是一個人，而不是這個人兩條腿之間的東西。」　妮儂

少年哈姆雷特苦思著：

要雙性戀還是
不雙性戀呢？

心裡有這麼多疑問，
正常嗎？
——史蒂芬，13歲

當然正常囉。而且也不必急著通通馬上找到答案。有時候可能會花上好幾星期或好幾年。人本來就有疑惑、犯錯和改變心意的權利。人也可以做些實驗嘗試看看，就算是短期的，就算是很簡單的（譬如改變造型……）也沒關係。人也可以思考看看自己是什麼性別和性向，不論是不是二元式都可以。唯一的重點就是要和自己取得共識，就是要做個讓自己快樂的人，就是要做適合我們自己的事，而且當然，不傷害到任何其他人。

「你要像別人那麼愛你一樣的愛你自己。要對自己有信心。
接下來會很不錯的，等著瞧吧。」 福羅宏

我正常嗎？
——伊曼，15歲

人在受到相同性別的人所吸引、在同時受到兩種性別的人所吸引，或不受任何人所吸引時，都常常會萌生這個疑問。這種不安並不令人意外，因為我們的社會完全「以異性戀為常規」。一切的設定都讓人覺得，所謂「正常」的人，就是異性戀者。在我們關於家庭的依據、在歷史上、電影中、廣告上，夫妻一律是異性戀者。等到有一天，爺爺奶奶會問孫兒：「你最近有交女朋友或男朋友嗎？」的時候，我們應該又向前邁進了一大步。這不是一朝一夕的事，但我們正在朝這個方向前進了。

到幾歲才會知道自己是同性戀、異性戀還是雙性戀？
——萊拉，14歲

沒有一定。對某些人來說，性向的偏好是從兒時就知道的。對某些人來說，則是隨著時間和所遇到的人而漸漸釐清的。有很多人——幸好這種人越來越少了——在自己的性向不符合社會常規時，會壓抑它和抗拒它。但不論是在什麼年紀或在什麼時刻，沒有誰能替你回答這個問題。

同志夫妻能收養小孩嗎？
——露，11歲

在法國，自從2013年同性婚姻合法化後，同志夫妻就像其他夫妻一樣，也能收養小孩了。但關於同志收養，還有很多不同的情形。一對女女夫妻和一對男男夫妻可以決定收養一個小孩，並以共同收養的方式進行。一位女同志，不論她是否有伴侶，可以請一位男性擔任她或他們孩子的「父親」。反之也是一樣。一個孩子也大可在一對異性戀夫妻的家庭中出生，其中一位家長（或雙方家長）後來才披露自己的同志性向，並另組家庭。排列組合可以有很多種。此外還有人工生殖的方法，但這就同志夫妻而言，在法國尚未獲得准許。

編注：台灣同婚法案通過後，法律上單身同志仍可向收出養媒合機構提出收養申請；若已登記結婚的同志伴侶，則受限於同婚法案目前仍排除無血緣共同收養的權利，因此將無法提出收養申請。

若完成收養程序後，與同性伴侶登記結婚者，因同婚法案僅允許同性配偶收養其「親生」子女，因此無血緣的收養子女，將無法與其配偶建立法律上的親子關係。

「重點是千萬別自己騙自己。」　瑪麗

人工生殖和代理孕母是什麼？
——瑄，14歲

女女夫妻可以藉助人工生殖，人工生殖有時也稱為生殖之醫療協助。最常見的一種技術是試管嬰兒。這種技術是讓卵子和精子（以此處來說，精子是來自捐精者）在實驗室裡以試管受孕，再把成形的胚胎植入子宮。人工生殖也可以透過人工的方式授精：將捐贈者的精子植入女性的子宮，希望這個精子能以自然的方式使卵子或卵母細胞受孕。2018年，在法國，只有異性戀夫妻能進行人工生殖，而且必須符合一些前提（不孕、遺傳疾病等等）。只有在西班牙、比利時和英國等國家，女同志夫妻和單身女性進行人工生殖是合法的。還有一種方法是找代理孕母，這種方法是把胚胎植入另一位女性的子宮裡，這位「代理孕母」之所以願意這麼做，有可能是為了無償助人（不收報酬），也可能是為了金錢收入。這種方法在法國是一律違法的，但在有些國家是合法的。

編注：台灣《人工生殖法》為健全人工生殖之發展，保障不孕夫妻、人工生殖子女與捐贈人之權益，維護國民之倫理及健康，特制定本法。（同志族群無法適用此法）

2020年5月《人工生殖法》修正草案立院一讀通過「代理孕母合法化」，未來無子宮，或因子宮、免疫疾病或其他事實難以孕育子女，或因懷孕或分娩有嚴重危及生命之虞的婦女，也有機會擁有下一代。

為什麼身分證上只能有「男」或「女」？
——蘿拉，14歲

有些人質疑是否真的有必要在身分證上標註M或F（M代表男性，F代表女性），或健保卡上是否有必要標註1或2（1代表男性，2代表女性）？法國健保費補助的時候，難道還分性別嗎？與其再添加一種欄位，是不是還不如乾脆刪除原本的兩種欄位呢？的確，這樣可以正式承認跨性別者的存在，而且世界上有某些國家已經實施這種作法。這個問題對於非二元者和跨性別者當然是至關重要的。

編注：台灣身分證上有標示性別欄位，以及字號開頭第一個數字會顯示性別信息（「1」代表男性；「2」代表女性）。健保卡未有標示性別欄位，只有標示身分證號。內政部戶籍法中沒有「性別」兩個字。但在第4條規定：「戶籍登記，指下列登記：一、身分登記：（一）出生登記」。出生登記有註明性別。

「只要能力一許可就要做自己。」　珊卓拉

譯注：法文「男MASCULIN」恰和「好棒MAGNIFIQUE」同為M開頭，而「女FÉMININ」恰和「好讚FOR-MIDABLE」同為F開頭。

需不需要逼別人出櫃？
—— 愛德爾，15歲

千萬不可以！就算出發點是善意的，這樣也是大錯特錯。每個人都有自己的疑問要探索，每個人都會採取適合自己的步驟，自己一步一步來。人應該等到自己已經準備好的時候，再自己敞開心胸，不然也可以選擇繼續保持模糊。難道會要求異性戀者出櫃嗎？

「別怕，有一天你會知道自己是誰，然後一切就會水到渠成。」　艾歷克斯

真的有嬰兒一出生就既是女生又是男生嗎？

——愛黎雅，14歲

是的，這些孩子是雙性人或擁有雙性器。聯合國下了一個絕佳的定義：「雙性人的身體或生理特徵，例如性生理、性器官、荷爾蒙功能或染色體組成，並不符合傳統上對男性和女性的定義。這類特徵有可能於出生時就顯現，或在人生中稍後才顯現，往往是於青春期顯現。」

世界上有大約近2%的新生兒是雙性人。這既不是一種生理疾病，也不是一種精神疾病，而是一種身體或生理構造上的變異。雙性寶寶是很完美的，沒有任何問題。但有很多雙性寶寶一出生就被動手術，他們的身體被「修正」了，他們被賦予某種性別，這未必經過他們父母「清楚明瞭」的同意，但手術明明就不是迫切必要的。絕大多數的時候，不採取任何措施並不會造成任何風險，而進行各種不同的手術、切除術或入侵式治療，反而可能引發非常嚴重的併發症。這樣是醫療上的暴力。醫生們宣稱雙重性器會使雙性人生活不順遂。然而，實際上卻恰恰相反，假如社會能全然接受各種不同的人，雙性孩子也就會理所當然接受自己。但並不存在雙性器就是雙性戀這種事，因為性器無關性向。

同志從以前到現在都一向被打壓嗎？

——李，13歲

才不是。在古羅馬和古希臘時代，唯有和社會階層較低的男性或女性發生性行為，才會遭到指責。中世紀的時候，教會降下一條新規定：性行為必須專門「用來」生小孩。其餘免談。舔陽或舔陰等口交行為，以及所有其他性行為，都被認定是有罪的，一概列為「邪淫」。想也知道，各種同性戀關係都因為這樣而變得見不得人（見第46頁達文西的生平）。

十九世紀時，社會變得越來越主張清心寡慾，也越來越以異性戀為中心。社會越來越不接受同性戀，而到了1869年，「同性戀」一詞在歷史上首度出現，出自匈牙利作家卡爾·馬利亞·柯本尼（Károly Mária Kertbeny）。

「大聲說出我們的同志性向能讓我們所向無敵。」　凱琳

跟絕大多數的人一樣，就是正常嗎？
——愛敏，16歲

LGBT恐懼症者老愛用這種說法，來排擠性向並不是最常見族群的人。這種說法根本毫無根據可言。左撇子、棕紅色頭髮的人，或藍色眼珠的人，難道就不正常嗎？所謂的異性戀，其實就只不過是屬於一個人數最多的性向族群而已。

「要對自己的感受有信心，而且別因為別人而讓自己動搖。」　派崔克

兩情相悅

在這本書中,我們探討的是性別認同。不論自己是喜歡女生的女生、喜歡男生的男生、雙性戀者或泛性戀者,大家都一樣:不論是撫摸、接吻或發生性關係,雙方都必須是兩情相悅。所謂兩情相悅,就是說「好」的時候,是明白坦然而且內心沒有任何壓力的。

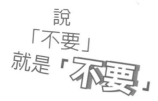

說「不要」就是「不要」。

我們完全可以遇到一個自己喜歡的男生或女生,想要擁吻他、想要抱抱他……也完全可以只想要到此為止就好,不想要再有任何進一步發展。甚至自己也說不上來為什麼。這種事很難解釋得清楚。我們害怕會傷了對方的心,害怕對方的反應。事情似乎進展得太快時,該怎麼喊停呢?這很不容易。最理想的方法就是讓自己恢復冷靜,稍微拉開一點距離,把事情仔細想一想。假如我們了解到自己「真的」不想要再進一步發展,我們可以決定直接離開,或者如果行有餘力的話,把自己的想法告訴對方,表明自己此時此刻並沒有和對方相同的意願。但無論如何都不需要為自己辯解。發生性關係不應該是出於禮貌或出於害羞,更不應該是因為內心有壓力喔!

走吧,吾對汝了無怨尤。*

欸……這樣意思到底是『好』還是『不要』呀?

*出自高乃依的劇本《席德》(LE CID)。

「你很正常。」 瑪蒂爾德

30

怎麼知道對方
想不想進一步發展？

最簡單的辦法就是明明白白問對方：「**你想不想進一步發展呢？**」但注意喔，要正確解讀對方的回答：

① 不要

很清楚，很直接了當。話題到此結束。對方有可能回心轉意，但既然他都這麼說了，也許下次再說，或改天再說，或明年再說，或永遠不用說了。

② 我不知道

這通常代表「不要」，但請不要拚命說服對方改變心意。

③ 好

很明確，但並非永久有效，不是最終定論。對方有改變心意的權利，可能是幾分鐘後改變心意，也或許是一星期後改變心意。這樣也不該構成任何問題。

法國法律
怎麼說？

法國法律禁止成年者與15歲以下的未成年者發生任何形式的性關係。司法合理認為15歲以下的未成年者還不夠成熟，無法真正理解自己的行為。當然，並沒有法律禁止兩名未成年的青少年一起發生性關係。但這種事實在不用急。而且就算是兩名成年人，也必須要雙方都同意，且雙方都願意才行。這畢竟是最基本的呀！

不可或缺的
保護措施

已經好了嗎？雙方已經都同意了，我們已經很確定自己的意願和選擇，或我們就是很想要，因為對方實在讓我們為他瘋狂嗎？太棒了。但注意喔，就算是兩情相悅，甚至就算是真心真意，也向來無法阻擋得了以性行為傳染的疾病（簡稱性傳染病），例如人類免疫缺乏病毒（即HIV病毒）。一個保險套就可能保住一條命。請務必時時隨身攜帶。而且它也能夠避免懷孕。

「不知道或不確定並沒有關係：
人有整整一輩子的時間來探索性別和性向呀！」 愛波琳

兩情相悅
兩小無猜？

現代人利用社群、交友軟體、遊戲、ＡＰＰ等，便能快速交友，年齡層廣泛，從小學生到社會人士都有，很可能會發生初嚐禁果，有必要先了解相關刑法規定，才能避免刑責上身。

台灣法律禁止與未滿14歲以下未成年者發生性關係，是為了保護未成年人，在生理與心理發展未成熟的情況下，未成年人在性方面處於「無責任能力」狀態，自然沒有性自主可言。申言之，與未滿14歲之人性行為，若屬違反意願，應適用加重強制性交罪；若屬合意，始依準強制性交罪相繩。

別以為「情投意合」的性行為就沒事，依刑法規定，只有當雙方都滿16歲的情況下，才不會涉犯準強制性交罪，以下依照年齡進一步說明：

小心犯法
法律知識

未滿14歲

行為人18歲以上，對於未滿14歲之男女為性交者，處3年以上10年以下有期徒刑（刑法第227條第1項）。

14歲以上 未滿16歲

行為人18歲以上，對於14歲以上未滿16歲之男女為性交者，處7年以下有期徒刑（刑法第227條第3項）。

未滿16歲

雙方均未滿16歲，此時雙方「同時」為被害人及行為人，雙方均可提出告訴，可別以為只有女方才能提告。此時，如家長堅持提告，雙方很可能形成「互相傷害（互告）」的局面，當小情侶陷入熱戀，也可能會發生對簿公堂事件。

兩小無猜條款

刑法定有「兩小無猜條款」即刑法第227之1條：「18歲以下之人犯前條之罪者，減輕或免除其刑。」換言之，兩小「不一定」無猜，未成年人心智尚未成熟，將之除罪化還是有風險。

告訴乃論

未成年人涉犯刑法第227條準強制性交罪須「告訴乃論」（刑法第229之1條）。另刑法第18條定有未成年人得減輕其刑（14歲以上未滿18歲），或不罰（未滿14歲）之規定，惟仍可依少年事件處理法辦理，並非全然無責。

媒體上的
刻板印象

對很多年輕人來說，最早認識的同志人士，是電影或影集裡的虛構角色。這些同志人士在銀幕或螢幕上是如何呈現的呢？

形同隱形人或
甘草人物式的角色

數十年來，除了少數例外，電影和電視把LGBT+族群的成員「隱形」了。電影裡和電視上的同志，頂多是非常次要的角色，只能充當綠葉，用來襯托男主角和女主角的厲害。很多時候只能扮演不好的角色，譬如犯罪的壞人或受害者，從來不是神探或超級英雄。幾乎絕大多數的時候，同志角色的功能主要是製造所謂的笑果用的。男同志總是舉止很做作，甚至打扮得花枝招展，而女同志則一定是短頭髮，而且舉止粗暴。簡單來說，同志族群只能透過對他們性向的偏見而存在。

同志們
需要榜樣……

銀幕或螢幕上見不到同志，或關於同志族群的種種帶有恐同色彩的貶義標籤，並不是沒有副作用的。從來不覺得有人替自己發聲，或不論在大小螢幕，從來看不到自己，會讓人以為自己在社會的眼中是不存在的。撇開這些辛酸不談，唯有提升能見度，才能讓觀念變得更進步。同志角色呈現時如果能擺脫刻板印象，大眾也將更能夠接受同志族群。這個時候離最後一步就不遠了，也就是同志不會令人大驚小怪的時候。

你根本不存在！

「還有很多人跟你一樣。」 愛蜜麗

那法國呢？

GLAAD（Gay & Lesbian Alliance Against Defamation，同性戀者反詆毀聯盟）是一個美國機構，特別密切關注電影和影集中LGBT+族群角色的呈現。為了更客觀地進行評估，聯盟的成員設計出一套「維多魯素測驗」（Vito Russo）。假如一部電影想通過這個測驗，片中必須包含一個清楚表明為LGBT+的角色。但這個角色必須具備兩項特徵：不可以單獨只由他的性向或性別認同來定義他，而且他必須在劇情中扮演重要角色。換句話說，這位女同志、男同志或跨性別者，並不是只是來「耍寶」的，不是來搞笑或只來出現幾分鐘而已。這樣的評判標準並不嚴苛。然而，在2017年，大型電影公司所製作的二十二部影片中，竟然只有八部通過測驗！女子三角戀故事《真寵》（La Favorite），和佛萊迪·墨裘瑞的傳記電影《波希米亞狂想曲》（Bohemian Rhapsody）在2019年奧斯卡獎上大放異彩，這應該要讓各電影公司的製作人重新省思一下才是。

法國影壇的情形和美國其實差不多。變化不快，但確實有在發生，導演們開始讓情形有所轉變，例如凱薩琳·科西妮或瑟琳·席安瑪等導演，在描述LGBT+愛情故事時，還原了這些故事如實的模樣：其實就是愛情故事而已。

我們是世～界～之～王～！

「要讓自己自由自在，看看你四周吧：你並不孤單。」 阿布度

媒體上的刻板印象

電視影集
又是怎樣的呢？

影集的觀念轉變速度快多了。根據同性戀者反詆毀聯盟最新的調查報告，在2017到2018年的這一季當中，美國電視黃金時段播放的影集之中，有6.4％的角色屬於LGBT+。857個常態角色中，有75個是男同志、女同志、雙性戀者、跨性別者、非二元者或酷兒。這個數字之高，是前所未見的。另外可喜的是，LGBTQ的男性和女性在比例上是均等的。他們和她們讓很多人因此得以有個能效法的榜樣，得以認可自己。他們和她們讓大眾的觀念變得更進步，喚醒了大眾的良知。我們對於他們和她們，永遠都是滿滿的感謝。

傑克
戀愛時代

耶穌
陰屍路

JP

寇特
歡樂合唱團

艾瑞克
花邊教主

凱莉
實習醫生

麥特
飛越情海

安蒂雅·瑪黛爾
百分之十

夏恩·麥可契恩
拉字至上

維蘿
魔法奇兵

托尼
漢娜的遺言

雪柔和凱文
河谷鎮

艾蜜莉·費區
皮囊

蘇菲雅
勁爆女子監獄

托馬
生活如此甜蜜

蕾克薩
地球百子

安布洛斯
莎賓娜的顫慄冒險

艾蜜莉
美少女的謊言

盧卡斯
羞恥

諾米
超感 8 人組

「你是誰並不是由你的性向決定的。」 納森

LGBT+片單選集

費城 / 強納森・德米（Jonathan Demme）執導
一位男同志律師感染愛滋病後遭強制解雇，他挺身捍衛自己的尊嚴。

自由大道 / 葛斯・范桑（Gus Van Sant）執導
關於美國第一位在公開自己同志性向後仍當選且人氣不跌反升的政治人物。西恩・潘的精湛演出，讓他榮獲一座奧斯卡獎。

驕傲 / 菲利普・福貢（Philippe Faucon）執導
這部迷你影集敘述一對法國男同志的生活，前後歷經三個重要時期：同性戀者的去罪化、通過民事互助契約，以及所有人的婚姻都合法化。

驕傲大聯盟 / 馬修・沃楚斯（Matthew Warchus）執導
南威爾斯的礦工對首相柴契爾夫人發動罷工，倫敦的一群LGBT+活躍支持者出面聲援這群礦工。這兩群人看似不對盤，卻都同樣受到迫害。

電影中的同志 / 勞勃・伊普斯汀（Rob Epstein）和謝菲・費烈曼（Jeffrey Friedman）執導
美國影壇一個多世紀以來，同志地位的演變。

哈納菲小姐 / 法丁・阿卜杜勒・瓦哈布（Fatin Abdel Wahab）執導
描述一名埃及男子接受手術後偶然變性了。

當我們崛起時 / 達斯汀・蘭斯・布萊克（Dustin Lance Black）執導
這部迷你影集敘述美國自1972年起LBGT+的種種奮鬥抗爭，一直到同性婚姻合法化。

野戀 / 安德烈・泰希納（André Téchiné）執導
阿爾及利亞戰爭時期，發生在法國的出櫃故事。

斷背山 / 李安執導
1960年代美國偏鄉兩個男子相戀的故事。

以下影片禁止或不建議國中生觀看

瑪莎・強森的死與生 / 大衛・法蘭斯（David France）執導
這部紀錄片協同跨性別活躍人士維多利亞・克魯茲（Victoria Cruz）一同調查美國LGBT知名人士瑪莎・強森（Marsha P. Johnson）的可疑死因。

藍色是最溫暖的顏色 / 阿布戴・柯西胥（Abdellatif Kechiche）執導
女同志的濃烈愛情故事。榮獲多項大獎。

心動120 / 羅賓・康皮洛（Robin Campillo）執導
1990年代初期，愛滋病引發恐慌之際，巴黎Act Up聯盟成員上街抗爭的故事。

「要做你自己，別因為別人的眼光而自己覺得尷尬。」 安妮洛兒

不一樣又怎樣！ 每個孩子都有獨特的樣貌，每個人都是獨立的個體，「勇敢做自己」才能找到人生的天命！來自法國的《我是誰我決定》透過鮮明的插圖漫畫、知名的人物事例，讓讀者突破性別的成見、屏除性向的偏見，解答親師生許多的疑難困惑及刻板印象。因為每個人能同理別人內在的自己，便能使社會洋溢著更多溫暖人心的陽光，台灣更能成為真正自由開放的民主國家。　──陳建榮（臺北市特殊優良教師、親子天下教育創新領袖）｜選片介紹

囍宴 / 李安 執導
倫理題材電影。劇情敘說一位旅居美國、來自台灣的男同性戀者，為了讓父母安心，娶了一位來自上海的非法移民女畫家，讓她獲得綠卡作為交換條件。

愛情萬歲 / 蔡明亮 執導
以最擅長的都市觀察，生動且貼切地展現了90年代台北年輕都會男女對愛情的渴望與家庭意義的蕩然無存。

河流 / 蔡明亮 執導
講述一名生了怪病的青年求醫的故事，以身體上的痛楚呈現內心的孤獨與不安。

藍宇 / 關錦鵬 執導
改編自一篇筆名為「北京同志」的作者寫的網路小說《北京故事》，其故事背景發生在1980年代末至1990年代初，主要內容講述了一對同志戀人之間的愛情故事。

藍色大門 / 易智言 執導
陳柏霖、桂綸鎂初試啼聲的經典之作！以為只是一次美好的夏日回憶，不知道自己的未來，將因為這部電影徹底改變。異性與同性、男女的自我認同。

17歲的天空 / 陳映蓉 執導
這是一部同性戀浪漫喜劇，全部由男性出演。

20 30 40 / 張艾嘉 執導
故事發生在現代的台北。由李心潔、劉若英和張艾嘉分別飾演20多歲、30多歲及40多歲的現代女性。

豔光四射歌舞團 / 周美玲 執導
台灣第一部以扮裝皇后為主題的劇情片。導演結合了她對性別多元表現與同志議題的關注，以及臺灣民間宗教、常民生活中的濃豔色彩。

海南雞飯 / 畢國智 執導
珍在新加坡開設海南雞飯餐館，獨力養活三個兒子。傳統的她一直渴望兒子繼後香燈，卻發現長子及次子皆是同性戀者……

天邊一朵雲 / 蔡明亮 執導
這是一部刻劃出都市男女情慾的電影作品。上映之前就充滿話題性，並獲得柏林影展「最佳藝術貢獻」銀熊獎殊榮。

盛夏光年 / 陳正道 執導
關於兩個男孩，在好多好多個夏天裡，彼此的祕密。因為有了這些祕密，讓這些夏天裡發生的故事，永遠存在他們心裡。

刺青 / 周美玲 執導
這是一部以刺青為象徵，探討愛情、親情、友情的女同性戀電影。

九降風 / 林書宇 執導
這是一部刻劃1990年代台灣青春校園電影。描述新竹竹東高中七男二女的青春記事。

聽說 / 鄭芬芬 執導
在我的心目中，你就應該像水鳥一樣自由飛翔！陽光思春男邂逅聽障姐妹的愛情故事！彭于晏與陳意涵、陳妍希的經典愛情輕喜劇，讓人心曠神怡！

漂浪青春 / 周美玲 執導
講述女同性戀的電影，與《刺青》、《豔光四射歌舞團》三部並列為「同志系列三部曲」，分別代表彩虹旗上的紅色、綠色、黃色。

花吃了那女孩 / 陳宏一 執導
一部台灣女同志電影，是根據四個真實的女同志情侶故事。

茱麗葉 / 侯季然、沈可尚、陳玉勳 執導
三段式電影。儘管有著為情所困的失意人物，卻全都轉化為勵志色彩。

女朋友男朋友 / 楊雅喆 執導
台灣社會急遽改變的30年背景，讓這段友情、愛情、親情掙扎與糾葛的感人故事更扣人心弦。桂綸鎂、張孝全、鳳小岳，一女兩男的愛情三角習題。

醉‧生夢死 / 張作驥 執導
講述的是小人物的粗礪生活或其曲折細膩的愛與死。

日常對話 / 黃惠偵 執導
台灣史上第一次柏林影展泰迪熊獎最佳紀錄片，述說愛同性的母親、家暴父親，女兒最終道出心中隱埋許久的羞愧祕密。融合多重議題，真實動人。

白蟻—慾望謎網 / 朱賢哲 執導
男主角白天是書店店員，看起來像正常人，卻是戀物癖，故事從他偷內衣開始，觀眾與貫串全劇的女主角一樣，身處著窺伺者的位置。在這個社會中，誰才是沒有病？

相愛相親 / 張艾嘉 執導
在眾人為外婆的身後事四處奔波的過程中，三代女人重新審視自己的愛情！

阿莉芙 / 王育麟 執導
描述舞炯恩‧加以法利得飾演的排灣族青年阿莉芙在變性夢想與繼承頭目之間的猶豫與掙扎，而朋友們也各自面對著不同的愛情難題。

血觀音 / 楊雅喆 執導
棠府一家女人，靠著高超手腕與柔軟身段在複雜的政商關係中生存取利。互飆演技，敘事方式特別，深有台灣意識！

幸福路上 / 宋欣穎 執導
穿梭台灣80年代至今的各種時代變遷，透過小琪從懵懂無知到勇敢出走的自我追尋，去探討屬於這代人的幸福究竟是什麼？台灣最新動畫力作！

誰先愛上他的 / 徐譽庭、許智彥 執導
一名青少年琢磨他那固執的媽媽和一名玩世不恭的男人，為何吵得不可開交。原來這名男子是他剛過世爸爸的戀人，也是保險受益人。

叔‧叔 / 楊曜愷 執導
講述兩位未出櫃的男同性戀，在老年生活的愛情故事。

灼人祕密 / 趙德胤 執導
描述從鄉下到城裡追求電影夢的女孩吳妮娜，因為試鏡而陷入了恐怖、懸疑、驚悚的過程。

我的靈魂是愛做的 / 陳敏郎 執導
講述一名投身同婚運動的高中公民老師，努力推動同婚公投，意外捲入一段異性婚姻的禁戀故事。

江湖無難事 / 高炳權 執導
故事描述一對搭檔在拍電影的過程中遇到女主角死亡的意外，卻依舊用她的屍體繼續製作電影，進而引發一連串荒唐事蹟的過程。

偏見、刻板印象⋯⋯

讓我們來檢視
一些既定成見吧！

我找到真命天女囉！

算你好運！

之所以是女同志，是因為沒找到真命天子

那一般會不會問異性戀女生，她們是不是沒找到「真命天女」呢？就像很多時候一樣，這種刻板印象是源自主流的異性戀榜樣，認定交往就一定是一男一女！

跨性別者就一定是同志

才不是呢。跨性別者可以是異性戀者、雙性戀者，也可以是同志。性別和性向是兩碼事。

雙性戀者或同性戀者不如異性戀者那麼專情

專情程度和異性戀者並沒有差異。這又是一種以異性戀為中心的思維，認為只要不是異性戀的人，就可能比較不可靠，甚至是變態。這種刻板印象的源起，也是因為多年來唯一能看得到（且能夠被看見）的同志形象，是一種呆板且誇張的「花心愛玩」同志形象。

「要誠實面對自己。」　　賈維

一對女同志之中，
一定有一個扮男生

既然是愛上一個女人，怎麼還會想要她「扮」男人呢？由此可再次看到，這種既定成見又是主流異性戀樣版下才會有的思維。女女戀或男男戀之間並沒有特定的性別角色分配。

所謂雙性戀，
就是一半異性戀、
一半同性戀

根本不是這樣的。在人生中的某個時候，人有可能比較偏好男性，過了幾年後，又比較偏好女性。或在同一個時候，在性慾上喜歡某種性別，在情感上卻喜歡另一種性別。愛情並不是數學公式呀！

「你並沒有做任何壞事，不該為了別人而改變自己。」　諾克斯

歷史上的
名人

幾個方格就能重現很多人的一生，譬如法國亨利三世（Henri III）或瑞典克莉絲汀娜女王（Christine de Suède）等君王；詩人韓波（Rimbaud）、科學家艾倫·圖靈（Alan Turing）、西多妮-加布里葉·柯蕾特（Colette）或瑪格麗特·尤瑟娜（Marguerite Yourcenar）等小說家；皮耶·保羅·帕索里尼（Pier Paolo Pasolini）或札維耶·多藍（Xavier Dolan）等導演；畫家尚–米榭·巴斯奇亞（Jean-Michel Basquiat）；辛西亞·尼克森（Cynthia Nixon）或克莉絲·史都華（Kristen Stewart）等演員；奧運冠軍格雷格·洛加尼斯（Greg Louganis）；舞蹈家金龜子（Coccinelle）；拳擊手馬克·勒杜克（Mark Leduc）；時尚名設計師馬克·雅各布斯（Marc Jacobs）、主持人魯保羅（RuPaul）；模特兒依涅絲·侯（Inès Rau）；主持人艾倫·狄珍妮（Ellen DeGeneres），甚至還有政壇的冰島總理約翰娜·西古達朵提（Johanna Sigurdardottir）、盧森堡總理貝特爾（Xavier Bettel），又或是德州紐霍普鎮的鎮長傑斯·賀布斯特（Jess Herbst）。

所有這些人代表了上億往往將自己性向埋藏在痛苦和沉默中的無名氏。以下簡短漫畫中，就以七個不同凡響的人物來替他們發聲。

莎芙

奠定基礎的人

西元前600年左右，女詩人莎芙居住在希臘的萊斯博斯島上。她出生名門望族，卻為了和一些年輕女子一起生活，而離開了家人。

她教導她們戲劇、舞蹈、歌曲和詩詞。

你們絕對澆熄不了我對女性之美的熱愛。

她從來不掩飾自己對女人的愛戀和慾望。不論是在她的作品裡，或在她的內心裡，都毫無隱藏。

隨便別人怎麼想。

過了1600多年後，她自由奔放的態度，讓基督教當局非常震驚。

立刻把這個女人的書通通燒掉！！

儘管他們對她充滿仇恨……

……莎芙從此永世成為女同性戀的代表人物。

女同志支持莎芙！

EMMES

MLF

完

奧斯卡
王爾德

1854-1900

有口難言

時間是1880年代的倫敦。愛爾蘭人奧斯卡·王爾德是一位藝術評論家兼才華洋溢的作家。他的思想就像他時髦的打扮一樣極具創意。

奧斯卡，你一定會一飛衝天呀。

名望是一種毒藥，最好晚年再享用……

……而且最好還要少量少量地服用呀！

不急不急。

名望比預期來得更早，但奧斯卡·王爾德並未因此就不再享樂。

奧斯卡，當心呀，你現在是名人了。

相信我，擺脫誘惑唯一的辦法，就是臣服於誘惑。

關於他是同性戀的風聲傳了開來。當時的英國道德保守，這樣並不是個好消息。

1884年，他為了闢謠，和非常有錢的康思坦絲·洛依德結了婚……

……但過了幾年，他愛上年輕的蘇格蘭貴族亞佛烈德·道格拉斯勛爵。

那位亞佛烈德人真不錯呀！

奧斯卡！

你當我是空氣嗎！

1895年，奧斯卡在倫敦上演的兩齣戲劇大受好評，但亞佛烈德的父親昆斯貝里侯爵舉發他是同性戀。他宣稱自己的兒子遭到這位裝扮時尚的作家所染指。

> 奧斯卡·王爾德是個變態！

> 奧斯卡·王爾德是個變態！！！

奧斯卡不顧親朋好友的勸告，堅持向侯爵提出損害名譽的告訴。奧斯卡不慎落入自己設下的陷阱。他從原告淪為被告。

> 你是否親吻過亞佛烈德·道格拉斯勛爵的僕人？

> 才沒有，從來沒有，從來沒有！

> 他未免太醜了！

> 哈！哈！哈！哈！拍手！哈！哈！哈！哈！拍手！

他的疏忽讓聽證席哄堂大笑，法官們卻不覺得有趣。他以同性戀的罪名，被判處最高刑責兩年的勞動。

六百名同性戀者怕遭遇相同的下場，立刻逃離倫敦，前往法國加萊市。

獲釋三年後，奧斯卡·王爾德在巴黎客死異鄉，死時孤單一人且窮困潦倒。英國打壓同性戀的法律直到1967年才廢除。

奧斯卡·王爾德

完

達文西

重大祕密

1476年4月9日在義大利佛羅倫斯。在「真理之口」，也就是佛羅倫斯用來舉發的信箱裡，有人放了一封匿名信。

信中說24歲的年輕畫家達文西，聯手他的三名同夥，一起性侵了17歲的模特兒賈克博·薩塔雷力。

達文西開庭前遭監禁了兩個月。

由於缺乏證據，四名被告後來無罪釋放。

這起事件大大影響了達文西，他終其一生都絕口不提自己的感情。

他和他的兩位模特兒撒萊和梅爾吉，似乎過從甚密。

但達文西內心卻是天人交戰……他有著深深的罪惡感。

我不准愛他們。

1519年，這位繪出蒙娜麗莎的大師，在法國安布瓦斯省的克羅路斯城堡逝世。

達文西在遺囑裡，指名把葡萄園留給撒萊，他的札記、圖畫和草稿則指名留給梅爾吉。

完

茱蒂·佛斯特

低調的人

2013年1月，茱蒂·佛斯特拿到一座金球獎。她的性向眾所皆知，但她決定要公開宣布。

我想我有一件事情非說不可，所以我有點緊張。

那我就直接了當驕傲說出來囉，好嗎？

我是……

……呃……

……單身。

開玩笑的。

其實不算是啦。

……這原本大可是長篇大論的出櫃演講。但講稿是我八百年前寫的……

……早就是石器時代的古董了。

哈哈哈哈哈！

所以我在此只想好好感謝那位和我共度了二十年人生的女人……

……她是我最好的朋友，也是我的前伴侶——席妮·貝納爾，也謝謝我們兩個很棒的孩子！

一年後，茱蒂·佛斯特和她的新伴侶結婚了，新伴侶是攝影師雅莉姍卓·海迪森。
過程很低調。
她一路走來，始終如一，拒絕覺得丟臉，從來不遮遮掩掩，卻也保有自己的隱私。

完

佛萊迪·墨裘瑞

我想要
掙脫束縛

1969年，倫敦。瑪麗·奧絲汀愛上了帥氣且很愛聊天的佛萊迪·墨裘瑞。

我本名叫法魯克·布勒薩拉。

我出生於非洲尚吉巴。

我和大衛·鮑伊是同一所藝術大學畢業的……

……你知道他嗎？就是唱〈Space Oddity〉的那位歌手。

……我也會唱歌喔……

他們很快就一起生活，彼此有著絕佳的默契……

我不想當搖滾明星……

……我要當傳奇巨星！

……和遠大的夢想。

那要先換個造型！

佛萊迪成了皇后合唱團的主唱。

但他並不是每天晚上都和瑪麗一起入睡。

佛萊迪是倫敦同志酒吧和夜店的常客。

嘿，那個帥哥歌手又來了。

情況很快就變得難以維持。

瑪麗……

我不想再欺騙你，和欺騙我自己了……

佛萊迪，你該過什麼樣的人生，就去吧。

他們分手了，但她始終是他的心靈知己。

佛萊迪到慕尼黑定居，在德國的同志酒吧展開各種豔遇……

GAYS ONLY

HOMO

1980年代中期，他和男友吉姆一起回到倫敦。他體力變得很差。

我不知道自己怎麼了。我好累，沒辦法上台演出了。

過一陣子就會好了。別擔心。

但過一陣子也沒有變好。

瑪麗，我得了愛滋病……

千萬不能讓任何人知道。

佛萊迪一直到1991年11月23日才被證實得了重症。

WE ♥ FREDDIE

隔天，全世界都為了他的死而哭泣。

完

艾梅莉·
莫海斯摩

先鋒

1983年6月,雅尼克·諾亞在法國網球公開賽場上奪冠時,艾梅莉4歲。

我也要打網球!

我也要奪冠。

1996年,她已經是少年組世界冠軍。

1999年1月,艾梅莉19歲,她即將在澳洲公開賽打第一場大滿貫的決賽。記者爭相訪問她。

你最近搬到法國南部的聖特羅佩市?

對,我朋友住在聖特羅佩⋯⋯

而且「朋友」指的是「女朋友」!

她無預警出櫃,引起了轟動。

她是法國第一位這麼知名又勇於出櫃的運動員，於是很快就樹大招風。

艾梅莉能贏球，因為她根本是半個男人。

瑪蒂娜·辛吉絲

她肩膀有夠寬耶！

琳賽·黛文波特

我只是照實說出我的狀態而已……

……這沒什麼呀

但這樣一點也不是沒什麼，不論是對她，或對成千上萬的女人都一樣。

我有個很厲害的榜樣可以效法了，我可以具體說出自己的感受了……

……我這才知道我並不孤單。

世界排名第一、兩度拿下大滿貫、法國國家隊女子組隊長……

……後來又成為蘇格蘭明星選手安迪·莫瑞的教練。

加油，安迪！

艾梅莉在職業生涯上繼續向前進……

……同時她也並未放棄家庭生活。

艾倫，你看你妹妹，是不是長得很漂亮？

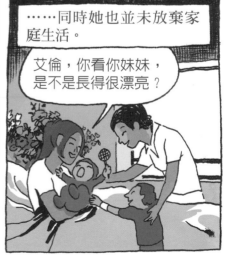

完

凱特琳・詹納

遲來的接納

在美國的紐約州，布魯斯・詹納是大學美式足球校隊的明星，也是1960年代北美的球場金童。

好帥～啊！！

他在球場上表現優異，讓他得以上大學……

……他是人生勝利組。

可是幾個月後，他受了重傷。

我的運動生涯完蛋了……傷得太重了！

換一種體育項目吧。你會是很強的十項全能選手。

跳遠、標槍、田徑，他努力不懈。布魯斯想要向自己和向別人證明，他是最棒的。

1976年，冷戰期間，他在蒙特婁奧運上，硬是從蘇聯對手的手中奪下金牌。

奧運冠軍是……布魯斯詹納！！！

讓我們來檢視
一些既定成見吧！

同性戀者
沒辦法當稱職的父母

這是一種嚴重恐同的觀念。在我們的社會，同志，尤其是男同志，往往被視為會對兒童有「不良影響」，或被認為是太自私而不能當稱職的家長。然而，比起其他父母，他們既不會比較好，也不會比較差，他們也能滿足孩子在情感、物質、人際和醫療上等等的種種需求。不論是同性戀家長或異性戀家長，幸福的家庭都有一個共通點：那就是它們是建立在愛的基礎上。唯一的問題，是他人的眼光、好奇心、排擠、惡意、批判，以及某些人施加的社會壓力。

快啦，寶貝，為了大衛爸爸再吃一口，然後再為強納森爸爸吃一口⋯⋯

別覺得丟臉，要為現在的你感到驕傲，也為將來的你感到驕傲。」　　　傑洛姆

同性戀和
變童癖是一樣的啦

這種違法的刻板印象，是很耐人尋味的。有一部分起源於法語罵人的用語「PD」，它來自「pédéraste」（男同志）這個字，原本字義是「愛上孩童的成人」。跟同性戀一點關係也沒有呀！別忘了80%以上的變童行為，是發生在家庭環境裡，犯行者是已婚男性，而且大多遭侵害的孩童是女童。

由同性戀伴侶
撫養長大的小孩
也會變成同性戀

科學研究顯示，在同性戀家長或異性戀家長的家庭中長大的孩子並沒有差異。有一件事是確定的：他們享有更大的自由去依循自己的性向……天生的性向。但話說回來，就算這樣是真的，又有什麼問題嗎？

他只愛玩芭比娃娃和朵拉，你覺得這樣該告訴小兒科醫師嗎？

「別操太多心，要表達你自己的想法，多和好人來往，
人生中別任由別人踩到你頭上。」　愛瑞兒

世界上對 LGBT+ 的仇恨

70個聯合國會員國 至今依然對相同性別的成人進行兩情相悅的性行為有所懲處。

同性戀恐懼症的凶殺案從2016到2017年間幾乎增加了一倍。

32個國家的法律 在性向和性別認同方面的表達自由是偏於侷限的。

41個國家 會限制和性向有關之非政府組織的組成、創立或立案登記。

美 國

巴 西

11個國家 和法國簽署了協議，他們國家的僑民與法國人民之間的同性婚姻是不被准許的，這些國家包括：波蘭、摩洛哥、波士尼亞與赫塞哥維納、蒙特內哥羅、塞爾維亞、科索沃、斯洛維尼亞、柬埔寨、寮國、突尼西亞、阿爾及利亞。

世界上
LGBT+
所享有的權利

在聯合國之中的 123個會員國，相同性別的成人發生性行為是合法的。

性別可以自由選擇或更改。

自從2008年起，在歐盟，不得再以領養申請人為同性戀者為由而拒絕領養申請。

同性婚姻自從2005年起已在加拿大全國各地合法化。

加拿大

2001年由荷蘭發起後，同性婚姻合法化逐漸獲得各地響應：如今已有 26個國家認可同性婚姻，且每年都有新的國家跟進。非洲國家和亞洲國家是跟進步調最緩慢的。

哥倫比亞

阿根廷

2012年，國會通過了一項法案，讓成年人一律可以自行決定自己的性別認同，並在國民身分上更改資料，不需經過法律或醫療上的批准。

39個 國家會查緝以性向為出發點的仇恨、歧視或暴力的煽動行為。

9個 國家的憲法明令禁止性向歧視。

自從2015年起，這個超級保守的國家通過了一項革命性的法案，保障跨性者和雙性人，這法案賦予他們自行決定性別的權利，甚至還正式了設立了「X性別」。馬爾他人民只要在律師見證下，就能選擇自己的性別是男性、女性或X。

愛爾蘭
丹麥
比利時
法國
馬爾他

2019年，台灣成為亞洲第一個同性婚姻合法化的國家。

巴基斯坦
印度

台灣

性別可以不特別註明。

2013年，托比拉條文允許相同性別的人可締結民事婚姻。

同性戀已於2018年9月除罪化。

澳洲

紐西蘭

南非

最早允許同性戀夫妻領養子女的國家之一。

根據「斯巴達克國際同性戀旅行指南」（SPARTACUS）的評比，2019年對同志友善的 **3個國家**，分別是加拿大、葡萄牙和瑞士。

你呢……

……你有被辱罵過嗎？

蕾雅

「有一天，我和我最好的朋友（她也是雙性戀者）在一起，我們很要好但沒交往，我們當時悠閒沒事坐在公園裡。有一群男生跑來問我們是不是在談戀愛，我跟他們說沒有，而且就算我們在談戀愛，也不關他們的事。漸漸地，話越說越難聽：『gouine』*、『賤人』等罵人字眼都出現了，他們朝我們吐口水，還抓起一把又一把的碎石丟我們。很糟糕。我並沒有覺得受到羞辱，因為我對自己的雙性戀性向已經相當有自信，因此知道有問題是他們，而不是我。然而我還是覺得很難過又很憂心，畢竟他們年紀還這麼小（其中一個男生才十幾歲而已），心中就充滿了這麼多仇恨、無知和誤解。」

*譯注：女同志的貶義詞，輕蔑辱罵。

「我有被人罵過PD（男同）和tafiole*。」

*譯注：男同志的貶義詞，如小男子漢、偏陰柔。

達米安

「常常有人辱罵我是PD（男同）、大自然的錯誤、雞姦者……」

「我有被辱罵過。比較常發生在私下的場合，譬如晚上去朋友家聚會，現場有一些我不認識的人。有人罵過我是gouine和口交者。經驗多了以後，我學會要麼當作沒看見他們，要麼也以牙還牙回擊他們！」

愛蜜莉

「有人罵過我『你是gouine因為沒有男人肯要你，因為你沒遇到對的男人啦！』」

凱琳

「我有被辱罵過。我國中的時候曾經受到恐同症同學的騷擾。在馬路上，曾經有人當著我的面爭辯我到底是男生還是女生，最後直接罵我是『不男不女』。」

諾克斯

罵人者往往不認為恐同症的罵人字眼是一種暴力，彷彿雲淡風清，彷彿這樣罵人很好玩或沒什麼大不了。但根本不是這樣的！不論辱罵的對象是誰，背後的想法總是一樣的：「同性戀＝弱者」。所謂的「說話像PD」，就是指說話時沒自信，所謂的「PD般的分量」，就是指分量少得可憐……這樣的說法根本沒有根據，而且每次都是在排擠、在傷人和侮辱人。假如自己老是被貶得一文不值、被瞧不起，人又怎麼能愛自己呢？最大的危險在於把這種羞愧感內化、視它為自己的一部分，和接受它。

他們為什麼 要說這種話？

很多人以恐同症的字眼貶低別人，
藉此想增長自己的威風，和鞏固自己的地位。
有點像是在坦承自己既懦弱又無知。

FIOTTE 小女孩、妹妹

TARLOUZE 娘炮

TAPETTE 娘娘腔

TAFIOLE 娘娘腔

TAPETTE 同

FOLLE 瘋婆子

CAMIONNEUSE 女卡車司機

TATA 媽媽桑

貶低別人
的辱罵字眼

對恐同症的人來說，只要是能夠損害男同志男人味和女同志女人味的字眼都是好詞。在根深蒂固以異性戀為中心的社會裡，這樣立刻就能把人比下去。

舉幾個例子：

FIOTTE：是fillotte的縮寫，意思是「小女孩」。

Tapette、Tapiole或Tafiole：暗指男同志的言談舉止比較女性化、陰柔。-ette或-ole這類字尾帶有性別歧視意涵，是雙倍的貶義。

FOLLE（瘋婆子）：這個辱罵字眼，既是罵男人沒有男子氣概，同時還罵他不理智。所以如果是不理智又是個女生，那就成了最高規格的羞辱呀！

TANTE（妓男）：這個字眼最早是指願意為錢而發生同性關係的男性，就像妓女一樣，妓女原則上在所有社會裡都是為錢而賣淫而且是受到迫害的。這個字有時候也寫作Tata或Tantouze。

標籤化的
性行為辱罵字眼

Enculé（肛交者）、Sodomite（雞姦者）、Broute-minou（口交者）等辱罵字眼，指的都是號稱不符合道德倫理的性行為。但它們符合道德倫理的程度絲毫不亞於其他類型的性行為，只要是兩情相悅，各種歡愉都是可能的。

模糊曖昧的
辱罵字眼

PÉDÉ 或 PD 是「pédéraste（男同性戀者）」的縮寫，另外也寫作pédale。同性戀被視為無法控制又危險的兒童危害者。

GOUINE（女同性戀者）和另外一種寫法GOUDOU都源自於一個古文字彙，意思是「蕩婦」、「淫娃」。

國文老師是個異性戀！

恐同症的
攻擊侵害

在法國，根據SOS homophobie協會的最新報告顯示，儘管LGBT+的權利越來越獲得大眾認同，仍然平均每三天就發生一起恐同症的攻擊事件。隨著能見度越來越提高，仇恨似乎越來越變本加厲，恐同症者也越來越多表態。彷彿社會有一部分的人想抗拒這種進化。這類攻擊有言語上的，有書面上，也有肢體上的。

在2018年，「PD」仍是下課操場上最常被用來罵人的一個字眼！

導致後果
非常嚴重
由於常常受到騷擾、羞辱和毆打，年紀較輕的LGBT+族群往往是被排擠的、孤立的且脆弱的。他們無法專心於課業，容易迷失方向。比起其他人來說，年紀較輕的LGBT+族群自殺率高出了三到七倍（資料來源：2014年法國國家健康預防暨教育署〔INPES〕）。

行為 違法
一如任何的暴力行為，言語上或肢體上的攻擊可處以刑事罰則。2000年起，法國司法對於同性戀恐懼症或跨性別恐懼症的攻擊或辱罵行為的刑責更加重了。所有公民，不論其性向或性別認同為何，都享有人身安全和獲得保護的權利。

外觀速寫 加害者*
研究顯示恐同攻擊事件大多數的加害者是：

- 年輕男性

- 吸毒或飲酒之後

- 不認識被害者

- 成群行動

*資料來源：2019年，法國民意調查研究所（Ifop）。這個速寫是以最常見的攻擊案件為依據……但也有些恐同症者是老奶奶。

在法國涉及同性戀恐懼症或跨性別恐懼症的最高刑責
（需提出物證或人證）

- 公然毀謗罪：監禁一年並科罰鍰45,000歐元。

- 公然侮辱罪：監禁六個月並科罰鍰22,500歐元。

- 撥打惡意電話（必須為一次以上）：監禁一年並科罰鍰150,000歐元。

- 公然煽動歧視、仇恨或暴力：監禁一年並科罰鍰45,000歐元。

注意：如果是公然（如在街上且有數名證人、在臉書公開的動態牆上、網站上等等）攻擊行為，自2014年起，司法追訴期延長為一年。如果是私人場合，追訴期只有三個月。

編注：在台灣為促進性別地位之實質平等，消除性別歧視，維護人格尊嚴，厚植並建立性別平等之教育資源與環境，特制定《性別平等教育法》。本法未規定者，適用其他法律之規定。

讓我們打破 沉默吧

這麼多的羞辱、排擠、歧視、暴力和騷擾，實在不能再忍氣吞聲下去，不論我們是LGBT恐懼症攻擊事件的受害者或目擊者。有些人認為最好什麼也別說，最好符合常規，別興風作浪。但正是沉默和受害者的恐懼助長了恐同症。還有感到窘迫卻不表達和被動的漠視也是。假如連受害者或目擊者都不舉發暴行，又由誰來舉發呢？

你遭到言語攻擊了，
可以怎麼做呢？

遺憾的是，這類攻擊多到數不清：辱罵、恐嚇、毀謗、嘲笑、羞辱、歧視。地點包括校園裡、街上、公共場所，此外還有信函、電話或網路上。

無聊且
無腦 的 辱罵

到如今為止，朋友之間還是常常互罵「肛交者」或「goudou」，幾乎是開玩笑的。足球場上有時會說且也能接受聽到「這一球踢得很娘炮」或「他的短褲超貼身，很像娘娘腔」的說法。然而，這些辱罵是不可接受的。就算沒有恐同的意圖，它們仍暗示著和同性戀有關的事物是比較低下的。

刻意的
恐同辱罵

這種話語不好笑，更不是什麼有意義的見解，而是法律所禁止的罪行，就和種族歧視及反猶太言論一樣是違法的。如果這類言論是在公開場合發表，觸法的情節就更嚴重了。

幾種
言語 或 書面 的攻擊

- 辱罵：
「死女同志」或
「他們應該通通待在動物園」。

- 恐嚇：
「死跨性別者，我要殺了你！」

- 毀謗：
「哈米雷茲先生是同性戀。」

恐同症的人以為揭發某人的性向就能羞辱當事人。假如無法證明屬實，宣稱某人是同性戀者將涉及毀謗。而假如證明屬實，這樣是侵犯個人隱私（出櫃）。

- 歧視：
「我們球隊裡不收娘炮。」

- 嘲諷：
「你剪這個卡車司機髮型很可愛耶。」

遇上肢體攻擊，
怎麼辦？

事前

1. 自我準備：超過半數的LGBT+曾遭遇過至少一種恐同症的攻擊和仇視。

2. 提高警覺。絕對不要躲躲藏藏。牽手、親吻和談戀愛本來就不該構成任何問題。LGBT+的能見度越高，大眾就會越習以為常。不過自己還是可以注意自己要前往的地點、離開的方式，並多留意那個環境的動靜。

過程中

1. 假如還可以的話，盡快離開和自保最要緊。逃離攻擊者並沒有什麼好丟臉的。

2. 另外找一個比較安全的地方，譬如商店，或人多的地方⋯⋯

3. 別落單，設法引起其他人的注意。

4. 別回應挑釁。

5. 讓可能的目擊證人都挺身而出：一一單獨徵詢每一個人，大家往往都想躲在群體背後。

6. 報警或請人報警：台灣110。

事後

1. 到診所或醫院就診治療並取得驗傷證明。

2. 在報案前別換掉衣物，別洗澡，也別清洗身體。不然有可能破壞重要證據。

3. 到警局或派出所報案。

4. 能提供的細節越詳盡越好，以利偵辦調查。假如攻擊事件是以恐懼同性戀、恐懼跨性別或歧視為出發點，刑責將會加重（注意喔，攻擊者經常會否認）。

5. 蒐集證詞和證據：如果有錄音內容、事前恐嚇的螢幕截圖，都要妥善保存。

6. 不論如何，都要向LGBT+機構尋求協助。

台灣一些諮詢資源

可以回答你的疑問、傾聽你的心聲和給予你建議。

以下是一些聯絡方式。

社團法人台灣同志諮詢熱線協會

地址：台北市中正區羅斯福路二段70號
12樓

電話：02-2392-1970

Email：hotline@hotline.org.tw

網址：hotline.org.tw

facebook：性別平等教育大平台

台灣同志家庭權益促進會

祕書處：台北市大安區羅斯福路三段273
號10樓

電話：02-2365-0790

Email：registration@lgbtfamily.org.tw

網址：www.lgbtfamily.org.tw

彩虹平權大平台

網址：www.facebook.com/equallovetw

Email：equallovetw@gmail.com

性別平等教育

網址：www.gender.edu.tw

性教育教學諮詢網

網址：sexedu.moe.edu.tw

大專院校性教育教學諮詢網

網址：sexuni.moe.edu.tw

張老師輔導專線

簡碼專線：1980

網址：www.1980.org.tw

生命線

簡碼專線：1995

網址：www.life1995.org.tw

衛福部113保護專線

簡碼專線：113

書中所談過的所有概念，
你都可以在這個名詞釋義中看到解釋。

名詞釋義

Abstinence 戒慾： 刻意決定不要發展性關係。

Agenre 無性別者： 指完全沒有性別認同的人。他或她的生理性別並不重要，性格也不分明顯的男性或女性。

Androgyne 中性： 指外表讓人看不太出來他或她所認同的是哪種性別的人。

Aromantique 無戀者： 指無法體會戀愛的感情，也不覺得有需要發展戀愛感情式人際關係的人。

Binaire 二元論： 只以女或男兩種性別來區分性別。

Asexuel(le) 無性者： 指對性沒有吸引力的人。但要注意喔，這並不代表沒有感情或沒有溫柔浪漫。

Non-binaire 非二元論： 跳脫「男」或「女」的分類，也不順服依性別所設定的角色。

Biphobie 雙性戀恐懼症（恐雙症）： 是一種特定的暴力和歧視，其受害者是雙性戀者或被以為是雙性戀者的人。

Bisexuel(le) 雙性戀： 指在情感上且／或在性慾上，在兩種性別都受到吸引的人。

Cisgenre 順性別： 指性別認同符合出生時性別（指定的性別）的人。為什麼要特別替這個「族群」取個名字呢？為了避免將跨性別者或「正常」的人列入分類。跨性別和順性別的人，是正常且具有人性的人，和大家都是平等的。順性別的人在性向上沒有阻礙。順性別者可以是異性戀者、同性戀者、雙性戀者、泛性戀者、無性者等等。

Coming out (faire son) 出櫃： 公開說出自己的性向和／或自己的性別。這個說法是縮寫，源自美語的「coming out of the closet」，也就是「從櫃子裡出來」的意思。

71

Deadname 棄名錯稱： 人在出生時的名字，當事人後來往往基於性別的原因，而改掉了這個名字。這個名字要捨棄，免得發生「被出櫃」的情形。

Demisexuel(le) (être) 半性者／灰色性向： 指對性沒有吸引力，除非是對非常親近、已經建立了深厚情感連結，才會受到性所吸引的人。

Dysphorie (ou incongruence) de genre 性別不安／性別不一致： 由於覺得自己的身體和自己的性別有落差，而長期感到不自在。譬如擁有男性的身體，卻覺得自己是女性。

Expression de genre 性別表達： 指別人所看到的性別形象。也就是由自己的穿著打扮、髮型、舉手投足、和別人的互動方式、自己的說話方式等等，所建立出來的形象。所有這些表達方式都和某一種性別有關：譬如，化妝和穿裙子，在我們的社會裡，一般常認為屬於女性的性別。因此性別表達完全取決於文化、裝扮法則，以及……自己所成長的這個社會的種種刻板印象。

Gay 男同志： 源自美語的詞彙，通常大多用來指男同性戀者。

Gayphobie 男同志恐懼症： 是個罕見的詞彙，用來指針對男同性戀者或被以為是男同性戀者的人的恐同症。

GPA 代孕： 是「gestation pour autrui」的縮寫，意思是「由某婦女替某對夫妻代為懷孕分娩，孩子再於產後交給這對夫妻」。代孕在法國是禁止的，在許多國家則是被允許的。

Hétérocentrisme 異性中心主義： 認定異性戀是唯一的模範（異性中心者、異性模範者）。

Hétérosexuel(le) 異性戀者： 主要或完全只受異性所吸引的人。

Homophobie 同性戀恐懼症（恐同症）： 對於同性戀者或被以為是同性戀者的人，表現出鄙視、排斥或恨意（嘲笑、騷擾、謾罵、攻擊）。這個詞彙泛指對於女同志和男同志的攻擊，延伸來說，也指對於雙性戀者和跨性別者的攻擊。

Homosexuel(le) 同性戀者： 主要或完全只受同性所吸引的人。

Identité de genre 性別認同： 自己所認同的性別。

Identité "par le genre"「依性別」的認同： 這種認同的基礎，是來自環境和教育，在文化上、社會上和角色上，對於男性和女性所賦予的差異。也就是指一切不在先天基因裡的事情。這種性別並不只限於男性或女性。這樣能讓覺得自己既不是這種性別也不是那種性別的人，自己的性別也能獲得認同。

Intersexué (e) ou intersexe 雙性人或雙性器： 指一出生在生理構造上就有所不同的人。醫生無法以女性或男性來歸類這個孩子的性器官。根據聯合國的定義，「這種人士的身體或生理特徵，例如性生理、性器官、荷爾蒙功能或染色體組成，並不符合傳統上對男性和女性的定義。這類特徵有可能於出生時就顯現，或在人生中稍後才顯現，往往是於青春期顯現。」

Lesbienne 女同志／蕾絲邊： 在感情上、性慾上，受到其他女性所吸引的女性。

Lesbophobie 女同志恐懼症： 這個詞彙比「同志恐懼症」更明確一些，指針對女同志或被以為是女同志的人，表現出排斥、恨意或鄙視（嘲笑、騷擾、謾罵、攻擊）。

LGBTQI + 同志族群： 女同志、男同志、雙性戀者、跨性別者、酷兒或雙性者族群的縮寫，「＋」代表其他「類別」。這種方式能顯示各自常遭遇的挑戰，也能顯示各個族群的特殊之處。有些人只使用較短的LGBT縮寫，有些人則會用LGBTQA（依不同的機構或族群，A可指無性者、無戀者或無性別者，有時候也可指盟友）或LGBTQ+。在本書中，我們使用的是一般大眾最常用的縮寫LGBT+。

LGBTQI+ friendly 同志友善： 以開放且歡迎的態度對待LGBTQI+族群。這個形容詞既適用於人，也適用於環境場地或機構單位。

LGBTphobies LGBT 恐懼症： LGBT+者所遭受的恐懼、排斥、標籤、暴力和歧視。比起「恐同症」，這個詞彙比較少用。

Mégenrer 弄錯性別： 因為不知情或因為惡意，而對跨性別者使用了性別上錯誤的稱呼或說法。例如把一位小姐稱呼成「先生」，或把娟娟喊成大雄。有時候可能是不小心的，只要記得道歉就好。

Orientation sexuelle 性向： 我們對別人的吸引力和慾望。性向有很多種：異性戀、同性戀、雙性戀、泛性戀等等。假如我們感受不到這種吸引力，就是無性者。

Outing 被出櫃： 在未經當事人同意下，甚至是在違反當事人意願下，公開他或她的性別認同。這是一種粗暴的行為，有可能暴露或傷害到當事人。這樣是違反個人隱私，在法國是違法的。

Panromantique 泛戀者： 在情感上受到其他人吸引的人，這種吸引力與性無關。

Pansexuel(le) 泛性戀者： 在性慾上／情感上受到人所吸引的人，不在意對方是哪種性別或性器。

PMA 人工生殖技術： 現有的人工生殖技術有好幾種：人工授精、試管嬰兒或接受捐贈的胚胎。在法國，異性戀夫妻進行人工生殖是被允許的。單身者和女女夫妻仍無法進行人工生殖。

Queer 酷兒： 這個詞彙在英文原意是「奇怪」的意思。這個族群包括了性向或性別認同並非主流常見的人，也包括了不願意依這些主流性向或性別認同而被貼上標籤的人。「酷兒」長期以來是個帶有貶義的詞彙，不過如今已經獲得某些為同志文化而努力奮鬥的人的認可和支持。

Sexe biologique 生理性器： 指一個人的生理構造、生殖系統和次要性徵。生理性器有可能符合（這裡的「符合」是指以某社會既有的常規來看）當事人的性別認同（稱為「順性者」），也可能不符合當事人的性別認同（稱為「跨性者」）。

Thérapie de conversion 矯正治療： 這種粗暴且入侵式的性向扭轉手術在美國很常見，目的是「治癒」同性或跨性的青少年。矯正治療內容包括心理治療、注射荷爾蒙或進行電擊，並讓「病人」觀看同性的性行為，以引起他們反感。2018年3月1日，歐洲議會投票通過了一項非強制性的條文，呼籲會員國家禁止這類手段。

Transgenre 跨性別： 不認同出生時自己指定性別（也就是醫生依幼童性器所判定的性別）的人。人有可能擁有陰莖卻深深覺得自己是女人（跨性別女性），或擁有陰道卻覺得自己是男人（跨性別男性）。這就是所謂的「跨性認同」。這和性向毫無關連。跨性別者可以是異性戀者、同性戀者、雙性戀者、泛性戀者、無性者……等等。跨性別者有可能會想要在生理上和／或心理上和／或人際互動上逐漸演變轉換成另一種性別。這樣是變性。這種轉變需要經歷外科手術和／或施打賀爾蒙，也包括更新國民身分（改名）。

Transphobie 跨性別恐懼症： 對跨性別者表現出恐懼、排斥、恨意、反感和歧視行為。

Travesti(e) 變裝者： 基於嗜好而喜歡用非自己性別的裝扮法則來裝扮自己的人。

_____

怎麼看待這些「不一樣」

文│曾寶瑩（性心理博士、性教育專家）、本書審定專家

做自己不簡單，但絕對值得。請好好長大，好好生活。
不管有多麼「不一樣」，你絕對值得為自己感到驕傲，
更值得為自己活出一個美好人生。

2019年5月17號，台灣成了亞洲第一個，同性可以合法結婚的國家！那天，我和朋友在下著滂沱大雨的立法院外，拉開嗓門大吼，希望立委能聽到，外面有多少人熱切渴望著，國家能賦予同志依法結婚的權利。因為，這代表國家認定：「同性戀和異性戀沒有不同」，一樣繳稅、繳健保費，盡國民義務、也享國民權利。

在伴侶住院的時候，可以為對方簽署醫療同意書；病危的時候，能陪在他身邊，走完人生最後一哩路。更重要的是，同性戀能依法結婚，就可以讓生活在這個國家裡的同性戀，不再覺得自己比別人低下。

就像我一個很要好的男同志朋友說「我會活得比較有尊嚴」，也可以讓同志孩子們，活得輕鬆一點。因為他們可以很明確地知道「在我的國家，同性戀伴侶是可以結婚」，也可以查到實際上有多少同志伴侶已經結婚（或是離婚）。無論如何，在我的想像裡，只要法案通過，同志朋友們就可以活得有尊嚴，同志孩子們也能活得不恐懼、不孤單，不再覺得「自己是怪胎」。

記得法案通過的那一刻，我正在辦公室裡換下濕透的衣服，手機裡傳來朋友在立法院外，揮舞著彩虹旗的照片。照片裡，朋友的頭髮閃爍著雨水

被陽光反射的光，我回傳訊息說：「雨過天晴啦！快看啊，你們身後有彩虹！」那時候我以為，同性戀們終於可以放鬆了，接下來好好過日子就好了。沒想到，我的天真期待竟然維持不到幾個月。

沒多久我就開始聽到，有些男同志伴侶，在路上牽手被當街辱罵，幾場教導老師們如何輔導同志學生的工作坊，也被強制停辦。還有許多義工團體，教導小學生們，同性戀是錯誤不道德，應該要被矯正的病態缺陷。學校裡許多輔導老師還是不能掛彩虹旗，沒辦法讓非異性戀孩子們知道，那裡是他們可以安心去思索「我是誰？」「我是啥？」的安全空間。輔導老師們告訴我：

「孩子還是為了自己『不正常』很痛苦啊，他們覺得身邊沒有人和他們一樣。唉，學校怎麼可能只有他一個？但我們要保密，不能直接告訴他『某某班的誰誰誰也是啊』。就只能跟講一些有名的藝人、網紅，但孩子會覺得那些人很優秀、勇敢，和他不一樣。」「結婚這種事，離孩子太遠了啦！」

剛開始，聽到這些「同志依然被歧視」、「孩子依然痛苦孤單」的破事，我就會安慰自己說：「法案才剛過，還要一點時間發酵。過陣子，大家就會改變了。」但一直到2020的5月，法案通過都快一年了，破事卻從來未曾消失，我才終於認清，社會不但沒改變到讓同志們可以無所畏懼，孩子們也還是要非常努力才能好好長大。就像《我是誰我決定》這本書裡寫到的，在通過同志婚姻多年的法國（2013年通過），同性戀小孩，或是其他非「順性別」、「異性戀」的性別少數小孩們（如雙性戀、無性戀、泛性戀、跨性別、雙性人……），都還是要走過一段「很怕和別人不一樣」、「不知道未來該怎麼辦」的成長歲月，也都經歷過被笑、被欺負，甚至被打、被恐嚇的霸凌經驗。

如果，你也是這樣孤單的孩子，或者，你身邊就有這樣的孩子（他可能是你的孩子、學生或鄰居）。我想跟你說：別害怕、別擔心。其實，在這個世界上，身心性別和愛戀取向和別人「不一樣」的人，真的比你以為的要多很多、很多。他們有些極其出色，有的則樸實平凡，有醫師、小說家、建築師、老師，也有餐廳服務人員、賣米粉湯的叔叔、機場保全姐姐、早餐店老闆，甚至是你的同班同

學。事實上，他們在各行各業裡，也在各種人際關係中。

打開《我是誰我決定》這本可愛的小書，你就會和他們相遇。在他們的現身說法中，你會聽到各種「和別人不一樣」的心情，知道他們怎麼走過「和別人不一樣」的痛苦歷程。你也會讀到一般人怎麼看待這些「不一樣」。

比方說，別人可能會誤以為，雙性戀同性戀的感情都很混亂、陽剛女生或陰柔男生就是同性戀，也會學到該怎麼化解他們的誤會。你也會知道，在這個世界上，就是有人會辱罵、出手攻擊和自己「不一樣」的人，你可以先做好心理準備、學會怎麼保護自己。如果你感到困惑、無助，書裡也列出了，在台灣能傾聽你心聲，並且提供建議的諮詢單位，千萬不要再痛苦地孤軍奮戰了，只要你願意和這些單位聯繫，「不一樣」的你一點都不孤單。

知道嗎？從2019年5月到2020年3月，不到一年的時間內，台灣就有三千五百多對同性伴侶結婚，也就是有七千多人去登記同性結婚耶！他們很可能就生活在你身邊。就和《我是誰我決定》裡，現身的男男女女一樣，他們一定都很想跟你說：「一切都會很順利的。」

做自己不簡單，但絕對值得。請好好長大，好好生活。不管有多麼「不一樣」，你絕對值得為自己感到驕傲，更值得為自己活出一個美好人生。

你喜歡蘋果？還是芭樂？

文｜林育苡（律師／性平委員／性別專家）｜傾洪荒之力推薦

期待有一天，台灣社會看待一個人喜歡男生或女生，
可以像看待一個人愛吃蘋果或芭樂一樣，簡單自然。

「『如果能夠選擇』，你會選擇當異性戀還是同性戀？」這是我演講時常對聽眾做的「民意調查」。數以百場的講座，每次都不出我意料外，「異性戀」總是獲得壓倒性的票數。

「為什麼不想當同性戀？」接著我都會隨機問觀眾，得到的答案永遠都不是同性戀本身有什麼不好，而是，在這個社會中當同性戀，太辛苦了！

其實，我們只要把這個問題好好問自己一遍，一定能夠理解同志朋友的不容易。也能夠理解，「性傾向」是一種天然的偏好，不是人為的選擇（因為若真的能選擇，誰願意去選擇走一條那麼辛苦的路呢？）。

喜歡男生或女生，其實就跟愛吃蘋果或芭樂一樣，都是一個人天然的偏好。有人喜歡前者，有人喜歡後者，有人兩個都喜歡，有人都不喜歡，也有人不知道自己喜歡哪一個，這不是自然又平常的事嗎？

為什麼當喜歡的對象從「水果」換成了「性別」，歧視、排斥、霸凌、汙名就伴隨而來了呢？（喜歡吃哪種水果或哪個人，不都一樣沒有妨礙到別人嗎？）

對喜歡吃蘋果的人來說，我們一直逼他吃芭樂，他只會覺得噁心、痛苦，並不會因此而愛上芭樂。所以，對於天然的偏好，我們要做的是理解、尊重，而不是批評、矯正，因為這除了帶來傷害，沒有任何的意義。

2017年的釋字第748號及2018年的同婚公投，對台灣社會、甚至全亞洲而

言，都是歷史性的一頁。可惜，多數人沒有借這樣的公共議題提升太多「對話」與「同理」的能力，反而增加了不少做懶人包和背數字的技巧。

「第幾、第幾題要投✕，第幾、第幾題要投○！」
「性平教育就是性解放！教壞小孩」
「性平教育會把小孩教成同志！」
「同性戀會傳染，同志家庭會養出同志小孩！」

那段時間，LINE都被著這些訊息塞爆了！但，多數人看到後只忙著轉發，卻不願查證。

缺乏對話的社會是撕裂的，未經求證的深信不疑是愚昧的。

如果您不願在還沒深入了解時就下結論，如果您願意給自己一個機會去認識以往未知或未曾留意的領域，如果您對自己的性傾向或性別認同感到困擾或疑惑，如果您希望與您的親人、好友建立沒有隔閡的關係（根據研究，台灣自我認同為同性戀者占約5%、雙性戀者佔約10%，每個人身邊一定都有屬於LGBT+的親朋好友），本人衷心推薦您手刀閱讀《我是誰我決定》這本絕妙好書！

本書色彩繽紛、圖文並茂、有趣易讀，不同於坊間正經八百的性別論述，它是用一篇篇引人入勝的故事、漫畫、現身說法，帶您進入LGBT+的世界。

這本書不僅適合當床邊讀物（每天睡前看一小篇，不到兩週就看完了！），也是性平教育的最佳教材，絕對讓孩子閱讀得津津有味、愛不釋手。實在是居家旅行、男女老幼，必備好書！

「同婚通過會讓我沒辦法教小孩！」相信每位家長在公投期間，一定都聽過這句話。《我是誰我決定》會讓您發現，正好相反。

同婚通過，其實是一個千載難逢的機會，教育孩子什麼是平等、什麼是尊重，什麼是繽紛多元的社會、什麼是沒有條件的愛。

每個孩子都應了解到，不應該去干涉別人吃蘋果或是芭樂；每個孩子也都該知道，蘋果或芭樂都是可以吃的好水果，無論吃哪一個，都不會影響父母對自己的愛。

We are different, but together.

感 謝

作者們想感謝：

巴第斯特‧玻黎的文字和關懷。

瑟喜兒‧帕弩（書店主人）、凱琳‧潔侯妮米（律師）、芳馨‧厄立（教師）、賽巴斯汀‧高提耶（副校長）、連恩‧柯斯地根（協會志工）珍貴的審校和建議及支持。

現身說法者的信任：侯曼、瑪麗、傑洛姆、凱琳、福羅宏、愛利、賈維、莎拉、派崔克、阿布度、蕾歐妮、依薇、愛蜜麗、蕾雅。

另外還有達米安、克莉思黛、馬可、賽巴斯汀、艾倫、那努、阿札雷、朱力安、安潔、歐斐麗、妮儂、珊卓拉、艾歷克斯、瑪蒂爾德、愛波琳、納森、安妮洛兒、諾克斯、愛瑞兒、瑪歌、愛蘿迪、菲利普、米斯提、瑪琳、芳妮、歐西恩、珊卓拉、艾略特、朱立安、馬克、羅宏、歐立維、洛兒、菲利普、派崔斯、瑪麗歐德、瓊恩貝納，他們沒有出現在書中，但他們的文字也貢獻良多且激盪了我們的腦力。

所有各機構的支持，更尤其感謝它們對孩子們的付出。

Casterman出版社、席琳‧夏爾維和她的團隊採納並陪伴了這項出版計畫。

蘇菲‧南德依特別感謝歐利維無微不至的支持。